SCORPION
SAGITTAIRE
CAPRICORNE
VERSEAU
POISSONS
R I R E ! »

A S T R O R I R E

LE VERSEAU

Conception & Textes
Jacky GOUPIL
avec

ALF-DAN, BELOM, BLANCKAERT, BONTEMPS, BRAIDA, CHANTELOUP,
DE WIT, DOM, GÉGÉ, HUGOT, KIRAT, KOSKI, LANGLOIS,
LEROUGE, LOUARN, PICHON, PIERRE, RAOUL, C. RAY, D. RAY, RUCKSTUHL,
SAILLANT, SOLE, THOMAS, TOURNAIRE, VRUBLE.

Conception Graphique : Jean SOLE
Astrologue-Conseil : Francis MICHEL

éditions Vents d'Ouest

Chez le même éditeur :

PTILUC Pacush blues
Amours volatiles
Faces de rat
HARDY Insolitudes
La véritable histoire de Ashe Barrett
SALMON, BOURNAZEL Les enfants du réveil I
SALMON, SIMON Les enfants du réveil II
RIU Des Belles et des Bêtes
BUFFIN, RODOLPHE Cruelles
DARIO, CHUPIN L'Or de Montserrat
TOURNADRE, RODOLPHE Route des Falaises
GARCIA, RODRIGUE, VRUBLE, WEBER Cyrano de Bergerac
GONNORT, Arthur QWAK, RALPH Le Soleil des loups
GÉGÉ, LOUARN Attention Mâân-Rhan
COTHIAS, TEMGLIT Il y a 200 ans, la Révolution Française
COTHIAS, LAX La marquise des lumières
LAX Des maux pour le dire
GAINSBOURG, IUSSE Où es-tu Melody ?
KISLER, RALPH Vixit Tueur de ville
COLLECTIFS Les Histoires merveilleuses des Oncles Paul
Marilyn je t'aime
Astrorire (12 volumes)

Pour être tenu régulièrement au courant de nos parutions, envoyez vos noms et adresse à :

EDITIONS VENTS D'OUEST
28, bld de Sébastopol, 75004 Paris

ISBN 286967 044-3
Dépôt légal : septembre 1987
Editions Vents d'Ouest
28, bld de Sébastopol, 75004 Paris
Tél. (1) 48.04.97.07
Diffusion France : VENTS D'OUEST DIFFUSION
4, rue de la Sorbonne, 75005 Paris
Tél. (1) 46.34.79.04
Diffusion étranger : HATIER INTERNATIONAL
Tél. (1) 45.44.38.38

Realisation Partenaires
Imprimé en France

MAURY-IMPRIMEUR S.A. – 45330 MALESHERBES

GÉNÉRALITÉS

Le Verseau est le onzième signe du Zodiaque. Il va du 21 janvier au 18 février.
C'est un signe masculin, dont la planète dominante est Saturne. Original, franc et tolérant, le Verseau, symbolisé par une personne versant une cruche d'eau, est parfois irascible et susceptible. Mais c'est également le signe de l'amitié et de l'humanisme militant...

Le Verseau est un signe d'air.

Excentrique…

ayant le goût du paradoxe.

Il est dévoué...

et ouvert aux idées généreuses.

Il prend le parti des faibles...

et des opprimés.

LA FAMILLE ET L'AMOUR

Le Verseau est trop indépendant pour consacrer tout son temps à la famille, mais il est trop sensible pour y être véritablement indifférent.
Son sens de l'amitié se mêle à une forte tendance à la liberté, ce qui perturbe sa vie amoureuse...

Par son originalité affective…

il a des difficultés à créer un équilibre amoureux.

car c'est davantage le signe de l'amitié…

que celui de l'amour.

Malgré ses coups de foudre fréquents...

et sa grande sensibilité sentimentale…

il est très indépendant.

Toutefois, il aime les enfants…

et laisse une grande liberté aux membres de la famille.

Il aime beaucoup recevoir...

car il a le sens de la fête.

LE TRAVAIL ET L'ARGENT

Le Verseau aime participer aux œuvres collectives, et à toutes les opérations charitables.
Comme tout le monde, il a besoin d'argent, et s'intéresse aux moyens d'en gagner, sans véritablement y parvenir, car il n'a pas les meilleures dispositions pour cela...

D'une grande générosité matérielle…

le Verseau est plutôt dépensier.

Il n'a pas de sens pratique pour gagner l'argent…

et en trouve par des moyens farfelus.

Intéressé par les métiers artistiques...

il se tourne vers l'audio-visiuel…

le cinéma…

et surtout la musique…

(30 % des musiciens classiques sont du signe du Verseau).

Il aime travailler pour de grands groupes.

Le milieu médical l'attire…

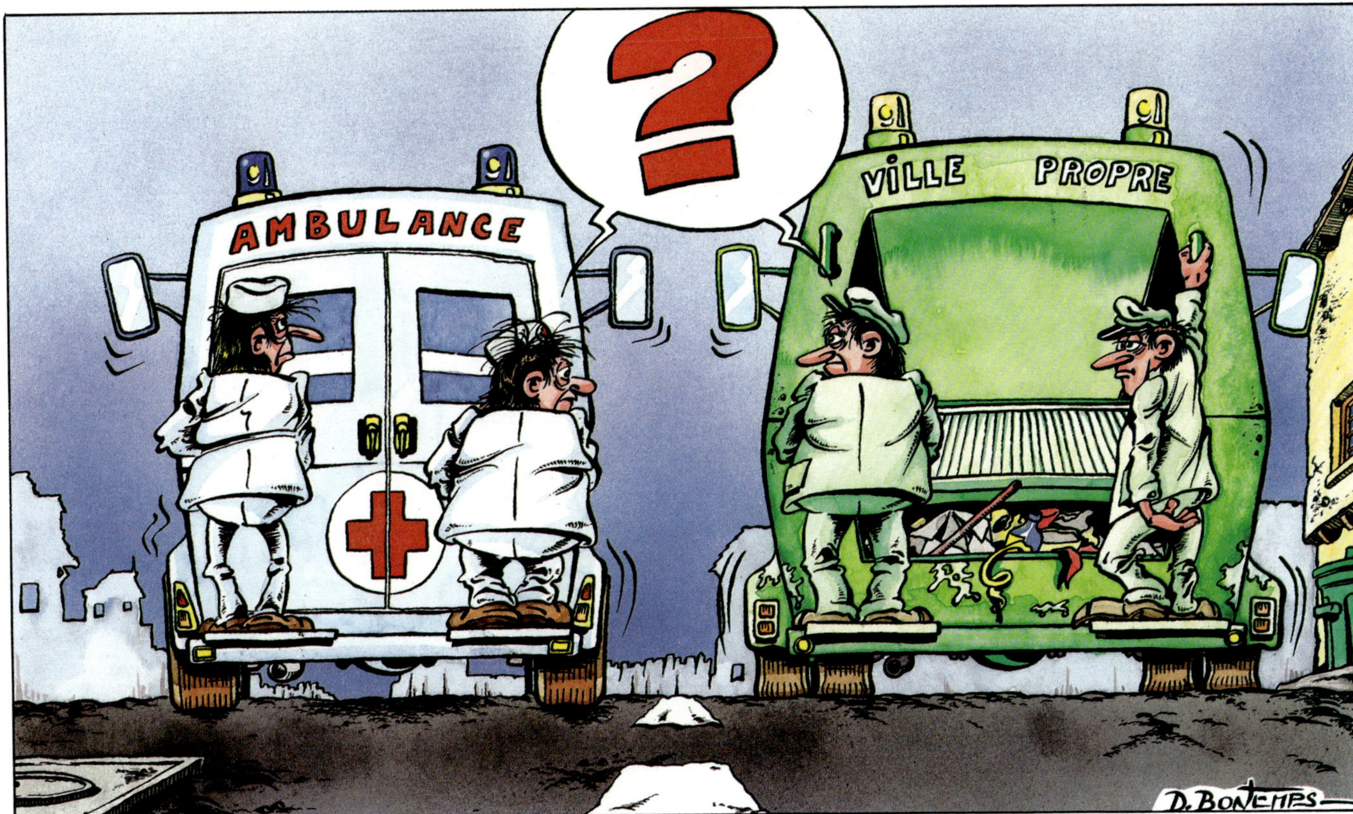

par humanisme…

car il aime faire don de sa personne.

Passionné par les techniques modernes comme le nucléaire…

il peut être chercheur…

inventeur en tout genre…

ou aviateur.

LA SANTÉ

Quoique d'une vitalité plus faible que la moyenne, le signe du Verseau sait réagir à la maladie. Il faut dire que, bien souvent, il n'est pas aussi malade qu'il veut le faire croire à son entourage...

Les principaux troubles de santé du Verseau…

sont surtout dûs à son psychisme.

…s parties essentielles de son corps sont les jambes…

et les chevilles.

Sa fonction principale, la circulation veineuse.

UN NATIF DU VERSEAU CÉLÈBRE.

INDEX

BELIER
TAUREAU
GEMEAUX
CANCER
LION
« ASTR
SOLÉ 87